Edition : BoD – Books on Demand,
12/14 rond-point des Champs Elysées, 75008 Paris
Imprimé par BoD - Books on Demand GmbH, Norderstedt, Allemagne
ISBN : 9782322032525
Dépôt légal : juillet 2013

LA BERGE DE LA NYANGA

LA BERGE DE LA NYANGA

« En 1958, on disait non. Aujourd'hui, on dit non, mais !!! Demain, on dira non, oui, mais non ».

Rodrigue MAKAYA MAKAYA.

Préface.

Ce livre, « La Berge de la Nyanga », écrit avec fièvre est encore singulier pour une double raison: d'abord l'âge puis le niveau de ses auteurs. Ils ont dix-huit ans en moyenne et tous sont entre la classe de terminale et l'université à peine). C'est déjà le signe admirable à la fois du talent et l'audace de ces jeunes poètes qui ne manquent pas de mots pour parler des maux qui étiolent notre joie de vivre à tous.
Ces voix singulières, sont africaines, plus précisément gabonaises : Tat'Mapaghe, Ondo Ella Assoumou Carel Dorian, Daniel Ekominze Nang, Vanessa Mouloungui, Mwan'Elisa, Maganga Boulingui Lyda Mélchie, Mboumouiti Julia, Moussavou D'Ales Ismaël, et Maroga Louis Joël, tous proclament leur amour pour la langue française et la poésie. Rappelons que pour ces jeunes auteurs, «le poète souffre», et cette souffrance se panse dignement dans les vers, les strophes et les rimes qu'ils nous proposent. En réalité, cette souffrance se déchaine dans de sombres interrogations langoureuses pour évoquer par exemple avec Tat'Mapaghe le mal qui répand la terreur en ce siècle et déciment sans pitié les jeunes, espoir de leur nation:
« Qui t'a dit que le Sida ne tue pas ?
Qui t'a dit que le sida est inventé ?
Qu'il est inventé pour décourager les jeunes ?
Qui t'a dit ça? »

Avec Ondo Ella Assoumou qui veut extirper par ses vers un autre mal de notre société, mal qui ne cesse d'engloutir des milliers d'individus dans un « enfer prêt à porter » comme dirait Sony Labou Tansi :
« Attends, mon cher, tu connais la pauvreté?! Est-ce que tu la connais-toi, la pauvreté?! ».
La pauvreté, comme un fantôme, hante les jeunes et annihile, le goût de vivre. Et sans s'éloigné des deux précédents maux (le sida et la pauvreté), le regard du poète Daniel EKOMINZE constate la présence des enfants dans la rue au moment où l'ombre parentale leur manque cruellement:
Par ailleurs, pour Maganga Boulingui Lyda Melchie, ses congénères et ses contemporains ont divorcé dangereusement avec leurs sources ancestrales et s'exposent ainsi à une déperdition incommensurable. D'où l'interpellation de la poétesse:
« Pourquoi avez-vous oublié le chemin du village ?
Pourquoi avez-vous laissé pousser l'herbe sur le sentier ? »
Cette problématique du retour aux sources qui concerne en réalité les adultes, est abordée par les jeunes, pour dire que le don de la poésie leur insuffle une certaine sagesse pour attaquer des sujets aussi sérieux et aussi graves.
Les jeunes poètes vivent de façon générale des tourments sans borne et indignent de notre siècle dit moderne. Ce malaise généralisé se résume dans cette interrogation poignante contenue dans le titre d'un poème de MBOUMOUITI Julia :

« Pourquoi tant de maux ? » une interrogation qui doit accrocher l'attention de tout lecteur, sur les responsabilités des uns et des autres quant à l'avenir du monde sur tous les plans.

Ce recueil de poèmes de neuf jeunes, filles et garçons, du Club Francophonie Nyanga de Tchibanga, fait surgir un combat ferme qui vise à rétablir les principes de justice, de paix, de vérité, d'amour, d'humanité et d'universalité dans un monde en perpétuelles perturbations. Ces augustes principes s'opposent sans concession au désespoir des jeunes qu'engendrent les conflits, la pauvreté, la corruption l'éclatement de la cellule familiale, la délinquance juvénile, l'alcoolisme et le tabagisme etc.

Les jeunes ont compris qu'il faut poétiser pour supporter la vie et refuser de se laisser emporter par le mauvais vent. Et sagement, comme une ''Voyante'', Mouloungui Vanessa lit l'espoir de vivre dans l'«étoile», astre lumineux porteur de certitude :

Astre contemplé avec tendresse,
Astre aimé et admiré,
Tu brilles avec gaieté et tu illumines le ciel,
Tu extirpes la mélancolie des cœurs.
(…)
Lorsque les cœurs s'attristent
Il suffit de te regarder
Et la tristesse s'en va.
Etoile, ne t'éteint pas,
Ta lueur nous manquerait.
Etoile notre réconfort,
Illumine-nous toujours.

Cet espoir se lit aussi dans l'exaltation joyeuse soit de la mère patrie le Gabon, doit du village natal à travers des titres si parlant comme : « *Mon pays le Gabon* » *de Tate Mapaghe.*

Le bonheur de lire nos jeunes poètes tient sur plus d'une centaine de pages. Ces pages, traitent des sujets variés et soutenus par un langage imagé et franc. Ce qui donne à ce texte des raisons d'y croire. Au fond, les poètes chantent l'amour pour se consoler et parlent de la souffrance pour résister. Ils se tournent d'abord aux jeunes comme eux avec des métaphores qui appellent à une prise de conscience de leur génération tourmentée mais qui a d'énormes potentialités pour y parvenir.

« Jeune, vigoureux comme tu es,
 Tu es le meilleur.
 Jeune, ton avenir est entre tes mains.
Tu te crois dispensable,
Mais indispensable tu es.
Pilier du développement, cœur de la société,
 Tu es l'espoir tant rêvé.
Espoir mondial, pense à ce monde ! » MBOUMOUITI Julia.

D'où leur regroupement au sein du Club Francophonie Nyanga, une aile du Réseau des

Jeunes Volontaires Francophones du Gabon. Et des poèmes à profusion chante le bonheur de leurs retrouvailles entre jeunes dans la vie associative, n'est-ce pas là aussi un cadre qui leur permet de partager leurs expériences dans la création littéraire ! Les fruits de cet apprentissage de la vie littéraire ne sont-ils pas visibles à travers ce présent recueil ? Leur Encadreur, le poète Moua KAGORA, qui les initie et à la vie associative et au langage de la Muse ne peut le démentir.

En outre, les jeunes s'adressent également aux adultes, et les alertent sur leur responsabilité, notamment celle de tenir leurs promesses pour des lendemains meilleurs substituant le désespoir pour sourire de « La Berge de la Nyanga », un temps doux de méditation et d'élévation.

Il reste qu'il y a autour de ce Club de Francophonie Nyanga de Tchibanga, univers paternel des jeunes poètes, une passion amoureuse (au sens noble de l'expression) que nous devons nous approprier pour élever notre pensée aux paradigmes d'amour et d'universalité. Les jeunes, je pense avec conviction, ont une voix parmi tant d'autres, ils voient ce que nous voyons.

Rodrigue MAKAYA MAKAYA
Philosophe,
Ecrivain poète.

Tat'Mapaghe

L'ARME DU PARDON

Hallucinations

Judicaël MAPAGA MOUSSADJI, dit Tat'Mapaghe, est né à Tchibanga le 04 janvier 1984. Fils du feu MOUSSADJI MOUKETOU Antoine, infirmier retraité commerçant et cultivateur et de MAROUNDOU MOMBO Jeannette.
En effet, le Club Francophonie Nyanga et la vie associative chrétienne ont fait de lui un homme public et lui ont permis de s'ouvrir au monde davantage. Après des années d'errance, il fit, en 2006, la rencontre de KALGORA Moua, professeur de français et Encadreur du Club Francophonie. L'année suivante, il est élu président dudit club, et participe à ce titre au forum national de la jeunesse sur le centenaire de Léopold Sédar SENGHOR en janvier 2007 à Libreville. « Le maître » va encourager et motiver « le disciple » dans la voix de l'écriture. Frappé par le chagrin puis la rage de la perte de son père, le jeune poète reste inconsolable. Désormais devenu orphelin, Tat'Mapaghe embrasse l'écriture sans arrière-pensée. Il la considère comme un moyen d'échapper à la monotonie de la vie. Il s'intéresse également à la nouvelle. A travers toutes ces formes d'écriture, l'homme exprime sa désolation face à la vie grâce une inspiration poétique florissante qui coule comme

un flot de larmes purificatrices libérant ainsi le cœur du jeune poète.

Mon pays le Gabon

Mon pays le Gabon
Est traversé par l'équateur
Limité au Nord par le Cameroun
Au Sud et à l'Est par le Congo
Puis à l'Ouest par les mers et les Océans.

Mon pays le Gabon,
Est divisé en neuf provinces
Qui sont : l'Estuaire, le Haut - Ogooué,
Le Moyen -Ogooué, la Ngounié, la Nyanga,
L'Ogooué- Ivindo, l'Ogooué- lolo, l'Ogooué-
Maritime
Et le Woleu-Ntem.

Mon pays le Gabon !
Avec ses populations diversifiées,
Avec ses fleuves et rivières généreuses,
Avec ses forêts, ses plaines et ses savanes
charmantes,
Avec son climat chaud et humide,
Reste un beau pays.

Judicaël MAPAGA dit Tat'Mapaghe, le 17 août 2007

Qui t'as dit ?

Qui t'a dit que le Sida ne tue pas ?
Qui t'a dit que le sida est inventé ?
Qu'il est inventé pour te décourager les jeunes ?
Qui te l'a dit ça?

Des milliers de personnes meurent
Tu n'as toujours rien compris
Tu n'as toujours rien vu
Toujours rien ...
Toujours rien ...

Qui t'a dit que le préservatif ne protège pas ?
Qui t'a dit : « on ne mange
 Pas la banane avec la peau » ?
Qui t'a inculqué cette sombre pensée ?
Qui?
Qui t'a dit :
« L'abstinence ne paye pas »?
Regarde !
Des humains assassinés par le Sida,
Des familles divisées.
Tu n'as toujours rien vu.
Tu continues par croire
Que la maladie des quatre lettres
N'est qu'une utopie.

Je te propose ces trois issues
Pour t'échapper dès aujourd'hui :
- Prends **l'abstinence** pour t'assurer
-La **fidélité** pour espérer

-Puis le **préservatif** pour esquiver.

Ce n'est pas fini, attention
A la transfusion sanguine
Sois très prudent !

Judicaël MAPAGA dit Tat'Mapaghe, le 01 décembre 2007

Les vacances

Elles arrivent ; les vacances !
Elles arrangent tous les élèves,
Et même les enseignants.
Elles sont belles les vacances !
La période scolaire
S'est écoulée irréversiblement comme l'eau du fleuve.
Le temps des grandes leçons
Le temps des travaux d'écriture
Le temps des grandes souffrances
Ce temps-là est terminé.
Pendant les vacances,
Tout le monde voyage,
Juillet et Août sont faits pour les voyages.
Moi, je ne m'intéresse qu'au village.
Les vacances me permettent
De rendre services aux parents
De débrousser et de préparer
Les nouveaux champs.
Pendant ce temps au village
Les tâches sont divisées,
Comme l'ont prévus les sages,
Les garçons, abattent, chassent
Les filles préparent les repas,
Et veillent sur les hommes.

Aussi, les vacances
Nous permettent de nous connaître
Garçons et filles,
Filles et garçons.

Qu'elles sont belles les vacances !
Et c'est le temps de la belle vie !

Judicaël MAPAGA dit Tat'Mapaghe 2007

Les gymnastes

(Aux jeunes francophones de Mouila)

Ils arrivaient
À se soulever
A enrouler
Leur corps plein,
Puis à se balancer
De tous les côtés
Sans aucune crainte.
Dans leurs tenus,
Deux pièces
Ils trottinaient
Ensemble
S'allongeaient
Ils ne me
Regardaient même plus
Très concentrées,
Ils exécutaient
L'enchaînement
En présence de leur maître,
Accompagnées,
D'une savoureuse musique.
Sur cinq niveaux,
Les unes montaient
Sur les autres
Puis la cheftaine
Ne cessait de siffler.
Quand, ils changeaient de mouvements,
Quand ils changeaient de danses,
Leur encadreur,
Dans un coin de la salle,

Méditait.
À chaque légère pause,
Il dictait la scène prochaine
Ils étaient tous
Beaux ce soir là
Ils étaient tous pleins
 De souplesse !

Judicaël MAPAGA dit Tat'Mapaghe, le 20 mars 2008

Chère Richa Khadi

Richa Khadi !
Je voudrais faire ma vie avec toi,
Je voudrais tout faire avec toi,
Je voudrais tout faire
Pour être prêt de toi ;
Pour vivre heureux ;
Pour aller au ciel avec toi

Richa Khadi !
Grâce à toi,
Je voudrais vraiment vivre
Dans ce monde dépourvu de sens !
Sur terre, au paradis, ou au ciel
Je voudrais bien vivre avec toi !

Richa Khadi !
Laisse-moi te combler de toutes les Roses
Comme tu me combles de Lumière.

Judicaël MAPAGA dit Tat'Mapaghe le 14 février 2008

Déclaration du grand singe

Je suis le grand Singe
Le Roi de tous les Singes
Je suis le grand Singe
L'élu de tous les Singes
Le porte-parole de tous
Je suis le maître de la forêt
 Je suis le maître de la flore
Je suis le chef de la faune
J'en aie assez !
J'en aie assez de me faire manger.
Dans toutes les marmites,
Il n'y a que moi.
Jours et nuits, je suis menacé.
Je suis poursuivi,
Je suis chassé,
Je suis tué, brûlé et bouillis.
Je ne vais au restaurant que pour être mangé
Il n'y a que moi dans les plats toutes les saisons
Il n'y a que moi dans les plats toutes les années
Il n'y a que moi dans les plats tous les siècles
Je ne sais plus où vivre,
Toute la forêt est dévastée,
Je suis déstabilisé par mon propre cousin
L'homme !
Ma vie est salée,
Ma progéniture est menacée.
On me prend même mes nouveaux nés
Je suis l'élu des grands Singes,
C'est moi KARY.
Oh, Dieu !
Comment me protéger ?

Comment repousser mon cousin ennemi ?
Comment vivre ?
Les singes n'ont-ils pas de droits ?

Judicaël MAPAGA dit Tat'Mapaghe *le 01 Février 2008-02-01*

Le divorce

Mes parents avaient divorcé,
Ils avaient divorcé sans me consulter
Ils avaient divorcé sans nous consulter,
Sans mot nous dire.
Je ne voudrais pas dire :
Qu'ils sont très méchants !

Ils n'avaient aucun respect pour leurs enfants,
Même s'ils nous nourrissaient.
J'avais compris qu'ils n'avaient pas
D'amour pour nous.

Maman m'avait dit viens avec moi,
Papa m'avait aussi dit, viens avec moi,
Mais je n'avais plus d'amour pour eux
Je ne trouvais plus mon compte avec eux.

Ils nous avaient baladés de quartier en quartier
Le matin à Mugutsi
Le soir à la Nyanga
Ce n'était pas fini.

Ils nous baladaient de ville en ville
Neuf mois à Mouilla chez papa
Trois mois à Ndendé chez maman
Laissez-moi-vous le dire.

Ce que papa me disait
Maman en disait le contraire.
Et vice versa.
Que pouvais-je dire ?

En qui pouvais-je croire ?

Judicaël MAPAGA dit Tat'Mapaghe 2007

Si j'avais de l'argent

Si j'avais de l'argent,
Pour entretenir ce bijou.
Si j'avais de l'argent,
Pour lui baiser les joues.
Si j'avais de l'argent,
Pour voyager avec cette minette.
Si j'avais de l'argent,
Pour dormir avec cette négresse
Loin, dans une case d'hiver,
Ma vie serait un paradis.

Si j'avais de la monnaie,
Je te construirais une cabane
Loin de tous les hommes
Loin ; dans la forêt
Je t'éloignerais de toutes les embûches
Tu n'auras même pas de gardien,
Tu vivrais seulement avec mes enfants.
J'allais dire nos enfants !
Si j'avais de l'argent,
Je referais ta carrosserie
Je verserais toutes les huiles possibles sur toi
Je te choisirais une bonne couleur
Je referais ta peinture
Sans oublier les freins et les feux possibles
Si j'avais des moyens
Je ferais de toi une reine
Je ferais de toi un séraphin

Dans cette forêt
Tu vivrais avec les belles créatures
Dans ce beau pays très loin des méchants
Dans ce milieu;
Où tu n'obéirais qu'à la nature.
Je ferais de toi une vie.
Si j'avais de l'argent,
Je t'enverrais à l'autre bout du monde
 Faire tes études.
Toujours loin des ingrats et des sorciers.
Je façonnerais ta mémoire,
Je t'éduquerais toute ta vie,
Tu seras même baptisé de l'eau de vie
Loin de ces prêtres et pasteurs
Loin de ces hommes qui prêchent la guerre
paisible.

Tu auras tous les sacrements de la terre.
Tu seras la Sainte Etoile du matin.
Si j'avais des moyens,
Si j'avais de la monnaie,
Si j'avais de l'argent,
Je ne serais pas moi,
J'aurais changé nos noms,
Ah, si j'avais tout comme les pasteurs de chez nous !

 Judicaël MAPAGA dit Tat'Mapaghe, le 25 Mai 2007

Je t'aime

Si je te cherche
Pour ta beauté
Pour ton argent,
Pour ta force,
Pour tes cadeaux,
Je ne t'aime pas encore ;
Car, je cherche mon intérêt.
Si je te cherche
Parce que tu m'attires
Et qu'ensemble
On est bien,
Ce n'est pas encore
L'amour.
Je t'aime,
Si je m'engage à vivre avec toi
Et si toi tu t'engages à vivre avec moi
Pour le pire et pour le meilleur
Pour toujours.
L'amour ne se prouve que
Par des actes.
Je t'aime,
Si je te cherche avant toi.
Si je peux m'oublier pour toi.
Je ne t'aime que si nous pouvons vivre ensemble.
Je ne t'aime que s'il y a communion entre nous.
Je ne t'aime que si tu peux t'oublier pour moi.

Judicaël MAPAGA dit Tat'Mapaghe, le 14 février 2008

A la berge de la Nyanga

A ce bord vaste et sablonneux
Ils marchèrent pas à pas
La main dans la main
Se soulevant en riant
Avec ces eaux douces et sombres
Qui ruissellent sans cesses
Les oiseaux de tous les côtés chantaient
Puis ces mélodies rythmaient leur vie
Sacs au dos,
Roses aux mains,
Que les cris d'allégresse !
La vie pour eux n'était que rose,
Le vent chaud et froid,
Souple et lourd de ce fleuve
Rongeait leurs cœurs d'amoureux.
 Ils s'approchaient l'un de l'autre,
Tout d'un coup, elle se sentît toute seule
Et laissa à sa charge son corps
Comme dans une nuit sombre,
Ils s'endormirent
Jusqu'à la naissance du jour
L'un dans l'autre
Couverts de brouillard blanc.

Judicaël MAPAGA dit Tat'Mapaghe, le 17 août 2002

Partir un jour

Je t'avais dit,
Que je partirai un jour.
Je t'avais dit,
Que je quitterai ce monde,
Mais tu ne me croyais pas.

Maintenant que je suis parti,
Te voilà dans la misère,
Te voilà dans le malheur,
La vie est dure pour toi.

Tu crois que tous les problèmes
Du monde logent chez toi.
Fils, la souffrance
N'est pas proche de toi
La misère est loin de toi.

Enfant, à quoi te servent tes vigoureux bras,
Enfant à quoi te servent tes vigoureuses mains,
Si l'école est te refuse?
Avec ces eaux riches qui n'attendent que toi,
Avec ces terres fertiles qui n'attendent que toi,
Fils, lève-toi !
Travaille !

Te dire au revoir

Je ne saurais te regarder,
Te regarder sans te dire au revoir,
Je ne saurais voyager,
Voyager sans te dire au revoir.
L'amour que j'ai pour toi
N'appartient qu'à toi seule.
Aujourd'hui, c'est ton jour,
Demain ne t'appartient pas.
Les roses que j'avais cueillies
Pour toi ont toutes fanées
Hier, tu n'avais pas pu les conserver.
Demain, autre jour, autre réalités.
Les fleurs que nous avons plantées
Sont toutes mortes.
Les pluies dans notre jardin,
Ne tombent plus.
Mais oui, je ne saurais
Te regarder sans te dire adieu.
Notre jardin ne se cultive plus,
Notre pièce comme tu l'as laissée
Devient un musée des rats
Les fleurs accrochées sont toutes tombées
L'horloge ne sonne plus.
C'est pourquoi, je te dis :
Reviens, reviens mon Ange !
Reviens cultiver ton jardin
Il n'appartient qu'à toi.

Judicaël MAPAGA dit Tat'Mapaghe, le 03 aout 2007

Le Congo

Le Congo, une terre de feu
Cette terre qui brûle
Est la nôtre
Elle nous appartient
Comme un jeu,
Les grenades crépitaient
De tous les côtés
Et en masse,
Les hommes fuient.

Ah mes parents !
Sans le savoir ils sont partis
Ils m'ont laissé
Je ne les reverrai plus jamais.
Où peuvent-ils partir sans moi ?
Comment ont-ils fait?
Comme un soldat, j'ai marché !
Avec les inconnus j'avais marché !
Mes premières nuits
Blanches étaient très rudes
Elles m'ont beaucoup marqué,
Je ne les oublierai pas.
J'ai traversé
Les corps blessés,
Les balles passaient
Au-dessus de ma tête.
D'un coup me voici
Dans une ville nouvelle
Dans un Pays nouveau
Où j'étais appelé
Réfugié congolais,

Et même sans papiers.
Puis, j'ai appris
À oublier mes parents,
A adopter une nouvelle vie.
Une famille hospitalière.

L'enfance

Comme tous les autres enfants,
De mon village et de mon âge,
Mon enfance était parsemée
De plusieurs embûches.
Le corps nu toute la journée,
Le ventre bien ballonné,
Et ce lambeau de culotte rouge
Que j'aimais bien était mon unique vêtement.
Je me rappelle qu'à cette époque
De ma vie,
Nous faisions tout sans réfléchir
Nous jouions tous les soirs
Jusqu'aux heures impossibles
Sans penser au bain que
Nous devions
Prendre chaque jour.
Mon enfance,
Je ne peux l'oublier
Nous pouvions
Courir, sauter et blaguer
Mais, n'oublions
Pas le droit d'aînesse.
Mon enfance,
Qui m'a marqué, me manque.
Quelle tristesse !

L'amour illusoire

Partie de cette ville
Pour la capitale
Tu as tout oublié.
Car tu t'es oublié.
Tu as oublié cette ville.
Cet amour que nous vivions
Dans cette petite cité,
J'ai compris que l'amitié n'était point l'amour
Et que l'amour n'était non plus l'amour.
Pour moi, parents cousins et amis étaient chassés
De ma vie, n'y avait que toi.
J'étais le centre de ta vie,
La sentinelle de tes rêves,
Le carrefour de ta pensée.
Cette belle cité qui nous a bercés
Et dans laquelle nous vivions notre amour
Te pleure inconsolable.
Ces actions villanelles ne te disent plus rien
Tu m'as fait oublier les miens,
Pour n'être qu'à ton service.
Dans ce chemin étroit et fleurit
Angoisseux et somptueux
Tu m'as convaincu
Tu m'as roulé
Et même enfariné
Maintenant que mes parents, cousins et amis ne comptent plus
Et moi, qui serais-je ?
Qui serais-je ?

La solitude est aujourd'hui mon compagnon.
Pourquoi un tel amour,
Plein d'illusion ?

Judicaël MAPAGA dit Tat'Mapaghe, le 14 février 2007

Enfant Bâtard

Pourquoi suis-je
Appelé enfant bâtard ?
Où est mon père ?
Qui est-il?
 Sans père, je suis comme un être sans âme.
Né d'une mère que j'aime tant.
Un père inconnu dont je rêve tant.
Ai-je réellement un père ?
Si je pense à lui, c'est qu'il existe.
Il me cherche autant que je le fais
Il m'aime et me veut.
Alors, pourquoi suis-je enfant bâtard ?
Calomnié tous les jours,
Je suis enfant bâtard
Je n'en peux plus mère !
Dis-moi qui est mon père ?
Où est cet homme ?
Qui est-il dans ce monde ?
Montre-moi ta face père !
Dis-moi ton nom.
Car ce sang est à toi.
Monstrueux, laideron, avare ou invalide
Dis-moi son nom mère.
Non, je ne suis pas un enfant bâtard !

Judicaël MAPAGA dit Tat'Mapaghe, le 18 mai 2006

Alerte

Ah!!!!!
Ouh!!!!!
Ah!!!! Ouh!!!!!
Hou!!!!!
Bou!!!!!!
Crie le grand Singe
Y a problème
Y a danger
Le grand Singe pleure
Le grand moqueur se plaint
Le cousin se meurt.
Ce cri annonce un dérangement,
Ce cri d'instabilité me dérange,
Il m'amène à aller vers eux,
Il m'invite vers la forêt.
Ces pleurs sont une plainte,
Je les prends à cœur.
C'est mon cousin !
Autre fois, il disait bonjour
Les grands singes de la forêt sont sollicités
Leur chair dans toutes les marmites de chez moi.
C'est moi dans cette marmite.
Leur tête ne fait plus peur,
Je me sens très consterné
Je me sens interpellé.
Je suis même abattu.
C'est mon problème à moi.
Ah !!!!!
Ouh !!!!!!
Cri iii !!!!!
Ouh !!!!!!

C'est le cri du grand Singe
Ce cri annonce une guerre.
Ce cri dénonce un meurtre
Quel héritage pour nos futurs ?
Que diront –ils des grands Singes ?
Où les verront- ils encore ?
Si toutes nos forêts sont dévastées
Où iront même vivre les grands mammifères ?
ALERTE CE CRI : c'est toi, c'est moi
ALERTE CE CRI C'EST NOUS
ALERTE C'EST MA VIE
LA VIE DE NOS PROGENITURES
LA VIE DE MON PAYS.

  Judicaël MAPAGA dit Tat'Mapaghe le 01 Février 2008

Ondo Ella Assoumou Carel Dorian

Agonie

Biographie

Ondo Ella Assoumou Carel Dorian, étudiant en Licence II, au département de Lettres Modernes à l'Université Omar Bongo de Libreville. Co-auteur du recueil de *Poèmes du Val*, paru aux éditions Publibook, Paris, en 2005. Grâce à son encadreur, Il a été initié à la vie associative grâce au Club Francophonie Arthur Rimbaud de Mouila quand il était élève au secondaire sous l'encadrement du poète traditionaliste Ongueya Kanémouono. Devenu étudiant, il la poursuit au sein du Réseau de Jeunes Volontaire (J.V.F.-Gabon) de Libreville. La publication des présents poèmes montre, encore une fois, son attachement à la création littéraire, qu'il considère comme un son du cor qui interpelle la conscience de ses contemporains sur les drames qui inhibent l'humanité tout entière.

Moi, seigneur

Seigneur,
Le péché, c'est moi
Je suis le menteur
L'imposteur
Je suis ce que je suis,
Je suis la faiblesse, la chair
Je suis fait à ton image,
Je suis ta honte.

J'ai trahis ma vocation première,
Vivre en paix, en liberté dans la charité
J'ai embrassé mes passions.
Pardonne moi Seigneur,
J'ai honte et j'ai peur
Je voudrais me libérer d'elles,
Mais pour cela, j'ai besoin de toi,
Pour te connaître et vivre éternellement
Dans ton monde merveilleux.

Bien au-delà

Ma poésie, qui la connaît mieux
Si ce n'est moi-même.
Quand je décrie
Les maux, par d'amers mots.
Les maux, nos maux,
Les mots, nos mots,
On se retrouve à contre dos.
Mon dos, il paraît qu'il renferme
Ce que vous recherchez
Mon dos, et qui a dit qu'il ne s'ouvrait jamais
Et qui a pensé que j'étais le seul à posséder le chant,
L'ouïe qui ouvre, ce qui est ouvert.
Chuuut!
Me va dzo minè na
Ace dzome ane bavwi!
Quand la poésie chante
Quand elle parle,
Quand elle crie, calme-toi,
Laisse l'ouïe suivre le chemin qui lui est ouvert,
À travers ce son messager.

Après

Nous avons nous aussi connu cette vie
Ce bonheur inespéré qui nous a toujours échappé
Le crépuscule l'a annoncé, mais le jour venu, nous
L'avons mal amorcé.
Nous l'avons connu dans notre vie antérieure,
Dans cette vie supérieure qui pourtant est éphémère.

Lors de l'avènement du cosmos, il était peut être nihil
Mais il était bien là, sous nos yeux, nos têtes.
Il était gigantesquement éphémère,
Bondé de couleur d'amour, de fraternité, de haine, d'hostilité et de liberté
Nous aussi nous l'avons connu cette vie:
Le sexe, l'argent
L'argent et le sexe
L'amour et l'amour

La Berceuse

Quand il pleut,
Ce sont des anges qui tonnent
S'amusent avec les eaux et mouillent
Ma tête, mes épaules et mes pieds.

Quand il pleut,
Mes sens se perdent, et emportent avec
eux mes nerfs abusés
Quand il pleut,
Tout me paraît long et court, clair et
confus, incongru et sage.

Quand il pleut,
Je me perds, et très souvent je m'endors.

Héritage

C'est à mon frère
c'est à ma sœur
Donne, donne-le moi!
C'était à l'enfant de mon oncle,
à mon défunt cousin,
à ma mère
Donne-le moi!

Tu n'as pas le droit de le garder!
Il est à moi,
à nous, maintenant qu'il n'est plus!
Donne-moi tout!
Les enfants, les voitures, les maisons
Et n'oublie pas les comptes en banque,
L'heure est venue pour nous de régner!
Régner !
En bien ou en mal,
Régner !
Le jour ou la nuit,
Ta haine ne pourra pas nous détruire,
Ton chagrin, ton chagrin?!
Arrête ! Tu m'amuses!

Va-t'en!

Renversé

Visage endormi
Pourtant, éveillé
Visage éveillé
Pourtant, endormi
La vie te trimbale où bon lui semble!

Visage froissé
Visage enjolivé
La vie t'impose toutes ses délices!

Monsieur Zimbabwe

Mort
Meurs
Que ta mort soit grande
Que ta mort devienne liberté
Dictature, tu as dépassé
Tu as toujours parlé d'unité
Mais ton peuple tu l'as longtemps opprimé

Qui es-tu donc pour nous emprisonner,
Nous maltraiter, et nous briser nos rêves?
Le pays agonise et rêve d'une relève
"Tout pouvoir vient de Dieu" dites-vous !
Dieu, Dieu, Dieu !
Mais pourquoi le confies-tu aux idiots?

L'horizon a changé de couleur,
IL se voyait jaune et rouge,
Désormais, il se veut blanc,
Couleur de paix et de démocratie
Le discours n'a plus de crédit
IL n'est que discorde et tromperie
Illusion et léthargie.

Comme un nouveau départ

Comme un nouveau départ
Tu es venu me dire
Que tout n'était pas encore fini
Et qu'il y avait encore de l'amour
quelque part
Pourquoi ne serait-ce
Mon dernier
rempart,
Celui qui regorgerait Amour et Sincérité
Liberté et Vérité ?
Il y a dans l'amour
Ce qu'on cherche et qu'on ne retrouve pas
partout
Il y a dans l'amour
Ce qu'on peut laisser vivre et
mourir.
Il y a aussi dans l'espoir
Ce qui peut nous faire vivre l'amour
Quand l'air frais me traverse
Cela me rappelle
Tes amours passés et douteux.
Il y a dans mon passé des histoires
Que j'ai vécues, et celles que j'ai refusées
de vivre.
J'aimerais tant les revivre encore !
Mais c'est parce que tu es là que j'ai tout
oublié.
Je voudrais tout oublier. Et j'espère tout
ignorer. Tout.

De la plus petite à la plus grande histoire
qui gênerait
Ma vérité.
L'amour c'est la
magie,

Et non pas un tour de magie
IL ne se fait pas, mais se vit
À travers des mots, des regards
Des
larmes...

Les sons de magie

Ces sons de magie donnent vie,
Dans les tanières, dans les mondes reculés
Bien au-delà des barrières
Ces sons de magie animent les cœurs,
Donnent le courage et apportent réconfort
Dans les espoirs perdus, les histoires incongrues
Dans les âmes fluides et limpides...
Les sons de magie sont des musiques apodictiques
Pleine de vie.

Le monde va dans tous les sens

    Quand il bouge,
IL explose,
Le monde se départage sans complaisance
IL crée l'amour dans la cour
Et fustige l'humour
Le monde bouge comme le vent,
IL glisse sur des vagues
Et se perd dans le temps…

Le bonheur

Ce plaisir que tout le monde
 Cherche et veut à tout prix connaître
 Plaisir que l'on voudrait perpétuel
Eternel
Plaisir sensuel et naturel
Le plaisir
sexuel

Dix années plus tard

Toi et moi,
Le temps, les gens avec, notre amour sera-
t-il fini ?

Et les hommes, vivront-ils toujours dans
l'hypocrisie?
Toi et moi,
Le temps, les gens avec, la vie se
poursuivra
Sur un ton accéléré de péripéties.
Toi et moi
Dans un monde autre que celui que Juda
aurait maudit
La terre sera notre ciel
Et l'arc en ciel,
notre refuge,
Notre source
Quand le sang arrêtera de déborder des
corps
Et que la misère deviendra une utopie
Nous serons dans un univers autre que
celui des néo-barbares
Au titre de Puissances
Toi et moi,
Le temps, les gens avec…

Vous qui me le demandez

Vous me le demandez, mon cul !

C'est parce que mon cul est beau,
Et qu'il n'est pas à vendre que vous me le demandez
Vous me le demandez mon cul !
C'est parce que mon âme n'est pas à prendre que vous me persécutez
C'est parce que mon amour n'est pas à rendre que vous me harcelez
C'est parce que ma vie n'a et n'aura jamais de prix que vous pensez
À m'éliminer
Ma poire sera toujours mienne.

Ma jeunesse

C'est parce que ma jeunesse
N'a plus de mots,
Qu'elle souffre de ses maux
Qu'elle pleure ses maux
Qu'elle se leurre sur ses maux

C'est parce qu'autour d'elle,
IL y a bien de gens
Mais, elle ne voit personne,
Personne pour lui dire OUI
Personne pour lui dire NON
C'est parce qu'elle est abandonnée,
Et donc perdue.

C'est parce que ma jeunesse a peur;
Et elle ne connait que:
Agressivité, impolitesse,
Nervosité et l'oisiveté.
Elle crie au fond de ses être,
Elle regrette ses moments de dérive,
Mais sans trop de remords, car se elle dit
Déjà morte dans la communauté.

Elle sait que l'amour ne s'achète pas,
Mais, il se partage,
Elle sait que le bien est un bien,
Même quand il fait mal
Elle sait aussi qu'entre le bien
Et le mal,
Le bien est meilleur.

Autour d'elle il n'y a que:
Enfants de la rue, enfants bâtards,
Attardés, niés et délaissés.

Oh ma jeunesse,
Ah ma jeunesse
Comme tu es belle !
Et si tu la revalorisais cette beauté,
Par des gestes humanitaires,
Des actes de bonté !

IL y a dans les larmes d'une femme volée,
La naissance d'un doute sur l'honnêteté humaine,
IL y a dans les larmes d'une femme battue et
violée,
La naissance d'un doute sur le ce monde paisible
IL y a également sur le cadavre d'un homme
agressé et tué,
L'image d'un monde en guerre, en perte de
valeurs sociales

Le cœur qui bat au dedans de nos corps
Est le même,
IL est unique parce qu'il fait vivre
Et l'accouplement donne la vie.
L'accouplement des hommes pour un même monde,
Un monde de paix, de sécurité et de sensibilité positives
Un monde social aux raisons réfléchies, affranchies
En route pour la liberté

La liberté de tout faire et de tout avoir sans crainte
Où les jeunes leaders rééduqués ne seront plus que
Des exemples à suivre...
Symbole d'une jeunesse réorientée et libre.

Le malaise Africain

Et si tous devenaient :
Les marabouts du pouvoir ?
Les Pères et les Mères du pouvoir ?
Qui pourra encore l'avoir?
Qui pourra encore le leur ôter
L'envi de se voir au pouvoir
Bien au-delà de leur pouvoir?
Si mère Afrique pleure dans son angoisse,
C'est bien parce que ses fils sont ingrats
Et n'ont aucune mémoire
De ces ancêtres brutalisés, déplacés, et commercialisés
L'histoire a besoin des fleurs nouvelles
Celles qui fleuriront au cœur du peuple
L'histoire a besoin des Vrais hommes, des libérateurs
Et non des imposteurs
À l'aurore, dans l'espoir d'une nouvelle vie,
Les sirènes réclament au fin fond des mers,
L'exil des « premiers » :
Premier travailleur
Premier sportif
Premier des premiers

Le cœur blessé

Il y a des jours où on n'a pas envie
De ressentir les gens,
De ressentir les autres.
Tellement ils puent de l'hypocrisie,
Tellement ils dégagent l'hypocrisie
Ce qui provoque le dégoût,
Et la vie n'a plus de saveur.
Vaut mieux parfois se couper le cou.
C'est un tourbillon, et il arrive très
souvent et on s'y perd
Voilà comment la vie s'offre à nous,
Sans pudeur, ni sincérité
Elle nous parle d'elle sans jamais se livrer
Et nous, tels des apprentis bishop
Passons le temps à l'exhiber
Comme si, avec elle nous étions nés.

Jamais

On ne se connait jamais assez,
On ne se connait jamais soi-même,
Voici un père qui devient le premier
amant de sa fille
Voilà un frère qui reconnaît l'amour dans
les yeux de sa sœur
Leurre...

Et par là, des meilleurs amis qui
deviennent ennemis!
Comment faire?
Le coq ne sait même plus à quel moment
chanter.

Et cette mère qui se noie désormais dans
l'alcool
Perturbant ainsi sa fille qui va encore à
l'école !

Voilà comment nous vivons,
Dans un monde d'ignorants et
d'irresponsable
D'ingrats, d'imposteurs !

Voilà qui nous sommes :
Subjectivité, arrogance, prétention,
pouvoir
Vanité...

Aujourd'hui

Je ne suis plus rien,
Tout m'échappe
Le soleil se lève très tôt
Et se couche encore plus tôt
«IL fait déjà midi?!»
Oui, déjà, que le temps nous rit au nez!
Rien ne va plus.
La nuit n'est plus jamais longue
Car je dois travailler.
Mais le temps ne me suffira jamais,
Car je suis un passage.

Le verbe d'un fou

Ce n'est pas normal!
Ce n'est pas normal!
Ah non que ce n'est pas normal!
Pas du tout!
Attends, mon cher, tu connais la pauvreté?!
Est-ce que tu la connais-toi la pauvreté?!
C'est quand on est sale, oui sale!
Quand on sent mauvais!
Quand on meurt de faim!
Quand on dort à la belle étoile!
La pauvreté?!(Humm!)
Tu ne la connais pas!
Regarde ces hommes aux gros ventres,
Regarde ces hommes aux grosses voitures!
Regarde ces hommes qui mangent bien :
Gros pain, grand bouillon!
Regarde
Grandes maisons, des pognons!
Nous, nous sommes bien pauvres!
Oui, pauvre!
Très pauvre même!
Et ce n'est pas normal ? Pas du tout!
Tu connais la pauvreté toi?!
La pauvreté, tu connais?!
Non, tu ne la connais pas,
Puisque je te le dis-moi même!
Car si tu la connaissais, tu devais te lever
Pour combattre l'injustice
Afin de combattre la pauvreté !

Will Daniel EKOMINZE

Révélation.

BIOGRAPHIE

Will Daniel EKOMINZE est né le 28 décembre 1985 à Gamba, au Gabon ; de NANG NZE Casimir opérateur production retraité à Shell et de MAROUNDOU DOUKAGA Marianne ménagère à Sodexho. Il est en classe de première au collège la Réussite de Tchibanga.

Déjà, à l'âge de 12 ans, il écrivait de tous petits poèmes d'amour et aimait surtout des textes très romantiques. Mais, il gardait tous ces petits poèmes pour lui et pour ses proches amis. Il compose à ses temps libres des poèmes et des nouvelles. Sa découverte du Club Francophonie Nyanga, a constitué un levain qui va fermenter sa passion pour l'écriture. Il s'exerce dans la mise en scène et dans le métier d'acteur avec d'autres jeunes dudit club. Quelques titres de ses nouvelles inédites sont : « ***victime innocente*** », « ***vierge et saine : histoire de baisers et fin de l'angoisse*** ». Le recueil ***Révélation*** est sa première œuvre poétique.

Dame des nuits.

Meurtrie par la solitude,
Je cherche la dame des nuits.
Seul, dans ce monde inconnu,
Seul, le cœur en larmes,
Seul, j'ai longtemps marché ma tête fixée vers toi
Oh, dame lune !
La clarté de ton sourire illumine mon été.
La nuit est obscure,
Mais mon cœur est inondé de lumière et de courage.
Je range mes peurs au garage.
Mon âme est pleine d'amour
Remets la joie dans mon cœur.
Oh dame des nuits !
Tu aiguise ma plume
Et ma plume me permet

D'accoucher dans les
nuages
Les souvenirs
inoubliables
D'un petit cœur
solitaire.

Ma destinée

Je veux partir
Pour mieux revenir,
Et devenir quelqu'un,
Quelqu'un de bien.
Ne vois-tu pas sur mon visage
Comme j'ai mal !
Ne vois-tu pas cette ambition
Qui me ronge le cœur ;
Cette envie de faire partie
De ceux qui ont marqué le monde.
Mon rêve est d'aller loin,
Découvrir ce monde
Qui baigne dans un perpétuel beau temps.
La disparition d'un homme,
Par-delà les larmes et le chagrin
Peut-être pour tout un chacun,
L'occasion de méditation.
Aussi la mort cessera,
D'être perçue comme une perte
Pour devenir un enrichissement.
Je veux qu'on me regarde quand je marche.
Qu'on ne cesse de parler quand j'arrive
Qu'on m'invite à sa table
Qu'on sache le nom que je porte
Qu'on sache ce que je pense faire de ma vie.

Comment te dire … ?

Comment te dire ce que j'ai sur le cœur ?
Mes joies se sont transformées en rancœurs
Et mon courage en peur
Comment te le dire ?
Ton image devient un cauchemar
Ma franchise et mes vœux se lisent dans mon regard.
Miroir de la vie, miroir de la sagesse
Je voudrais être toi, sagesse, te ressembler
Etre celui qui sait faire parvenir
Un sourire dans les cœurs.
Mon avenir est fatidique et toi ma chère,
Je suis émoustillé par ton visage qui pour moi,
n'est qu'un mirage.
Lorsque naît l'aube aux frontières de l'horizon,
Je deviens esclave de mes pensées troublantes
Qui, sans cesse, me hantent et m'envahissent.
Au premier jour, tes mots n'étaient que douceur.
Je ne suis peut-être pas cet homme
Que tu as longtemps attendu,
Mais je t'offrirai la chaleur de mon sourire,
Je saurais te combler de Tout afin de te faire oublier
Toutes tes déceptions.

Gamba(1)

Ville de bonheur et de ferveur
Toi la première à avoir ressenti,
Mes pas lorsque je venais sur terre ;
Toi qui me vis grandir tout naïvement.
Saurais-je te dire un jour au revoir
Par-delà tes richesses ?
Ton paysage et ta plage accueillent
Ce monde cosmopolite qui nous entoure.
Ta faune et ta flore donnent
Des couleurs à la Vie
Je partirai certes, mais
Je reviendrai, car je ne puis vivre,
Loin de toi si longtemps.
Cette odeur de pétrole est la preuve
D'un avenir meilleur.
Ta lagune Ndougou (2) est le symbole
De ta reconnaissance, et Mayonami (3),
N'est que le cadeau que le père que tu es
 Offre à tes aimables enfants.
Le visage caressé par le vent et mes pieds
Dans le sable.
Je ne puis demander mieux à la nature,
Si ce n'est que de rester toujours fier de toi.

Gamba : *(petite ville pétrolière située dans l'Ogooué-maritime au Gabon)*
Ndougou : *(lagune de Gamba se jetant à la mer)*
Mayonami *: (quartier situé à plus de 36 kilomètres de la ville de Gamba)*

Si loin…

Si loin, si loin !
Tu es déjà si loin, et je te vois partir.
Mais je ne peux te retenir,
Tu t'en vas incognito,
Et que vais-je devenir, moi ?
Si loin, tu es déjà si loin,
Mais, je sens ta présence.
Et mes larmes ne cessent de couler.
C'est un adieu plein de remords,
Tu m'obliges à pleurer,
Mais qui es-tu pour me prendre
Tous ceux que j'aime ?
Toi, oui, qui es-tu ?
Tu viens et tu pars comme un voleur
Et tu emportes chaque fois dans ta gibecière
L'une des personnes que j'aime.
Et même celle que j'adore
Et mes mots sont petits
Pour te dire quel mal tu me fais
Ami, maman ou frère
Si loin de vous je souffre.
Prenons le temps de dire *« je t'aime »*
Aux personnes qui nous sont chères
Et qui nous aiment
Comme nous les aimons
Mais hélas !

Là-bas…

Je rêve de ce monde,
Ce monde qui ne serait fait
Que d'un beau temps.

Ce monde tant recherché par nos ancêtres
Dans leurs longues marches vers la découverte
D'un sol fertile, où l'eau serait une voisine.

Où je mangerai à ma faim.
Là-bas serait-il l'Eldorado ?
Là-bas où il fait bon vivre

Où nous dormirons quand la lune se couche
Où nous nous réveillerons au chant du coq
Et non au chant des cartouches ou des bombes.
Là-bas je n'aurai pas peur de marcher.

Dès que la nuit est tombée,
Là-bas je pourrai admirer la vie
Sur d'autres angles.

Là-bas, j'essaierai d'être un homme modèle.
La peur qui me hantait aurait disparu
Et en moi reviendra ce sentiment de bonheur
De sécurité et de gaieté.

Je veux vivre pleinement ma vie,
Loin de ces gens qui ne
Pensent qu'à eux.

Loin de ce monde où l'homme,
Est exploité par l'homme.
Aller là-bas est mon rêve de tous les jours.

Si tu veux.

Si tu le veux, le monde peut changer
Si tu le veux, en toi l'amour peut renaître
Si tu le veux, ton chagrin peut disparaître
Si tu le veux, le bonheur frappera à ta porte
Il te suffit de croire qu'un jour viendra,
Où tu seras celui à qui tout le monde sourira.
Si tu le veux, ta vie peut être un exemple.
La défaite n'est pas une mort,
Mais plutôt une prise de conscience.
Certes, nous ne sommes pas nés sous
La même étoile mais,
Si tu le veux, le soleil se lèvera sur ton toit
Et quand arrivera ce jour où tout le monde
Te sourira,
Tu seras heureux, si tu le veux bien sûr !
Si tu le veux il te suffira de dire oui à la vie.
Si tu le veux il te suffit juste d'un sourire,
alors
La nature baissera son bouclier et
Vous vous embrasserez.
Si tu le veux, si tu le veux, si tu le veux...
Bien sûr !

Ma patrie

Quand je t'aurai dit adieu,
J'aurai tout perdu.
Et je m'envolerai comme un oiseau
De mer au plumage sombre
Que personne ne verra partir.
Je ne ferai aucune faconde
Car mon regard aurait déjà tout dit.
Je regarderai le coucher du soleil
Pour ressasser les vieux souvenirs
Qui me lient à toi.
Je graverai ton nom sur ma peau
Pour être sûr que tu ne seras jamais
Loin de moi.
Ma chère Patrie, je t'aime,
Mais je suis obligé de partir
Car auprès de toi, il ne fait plus beau vivre
Tes fils ne te respectent plus,
Et se battent sans cesse.
Tout seul, je ne suis pas sûr de ramener
La paix et la fraternité agonisantes.
Car, elles aussi ont été obligées de partir
Chassées à coups de bâtons et de fusils,
Et elles ont laissé la place à la discorde et la guerre
Entre les peuples.

Alors je pars.
Mais pour revenir te délivrer sûrement.
Peut-être pour panser les blessures de tes enfants,
Et les tiennes. Ma chère patrie, qu'es-tu devenue ?
Une salle de théâtre à guichet ouvert
Il est temps pour nous de comprendre
Que nous devons être unis pour lutter.
Car ensemble, nous pourrons relever notre chère patrie
Et lui faire réapparaitre son si beau visage.

**Mes
amis
fran
coph
ones**

Aller à l'autre bout du monde
Et devenir ami de quelqu'un,
C'est si fabuleux !
La nature m'a fait connaître des personnes
Amicales et souriantes.
Je ne regretterai jamais
D'être parti de chez moi
Pour un milieu presqu'inconnu
Faire la connaissance
Des autres cultures.
Ah ! La mélancolie
Et la tristesse m'envahiront
Quand il faudra que je retourne chez moi.
Je ne verserai peut-être pas des larmes visibles
Mais, mon cœur en sera inondé.
Partons chez nous avec des souvenirs
Durables et non aléatoires.
Cet échange nous sera serviable et très durable.
Et peut-être pour la vie. Je vous dis au revoir
Mais pas adieu. Car je sais que je vous reverrai
Très prochainement. Au moment où je m'en irai,
Je regarderai toujours derrière moi,
Jusqu'à ce que je me retrouve seul à l'horizon.
Et là, je réaliserai que je suis vraiment parti.
Je ne vous oublierai jamais, car cette rencontre
A marqué mon existence.

J'ai peur

Quand la nuit tombe,
Et que la solitude m'engloutit,
Il ne me reste comme prétexte que
Mon stylo. Et j'écris mes textes
Pour ressusciter la bonne humeur.
Oui, j'ai peur ; oui, je souffre ;
Mon pays est au bord du gouffre,
Et personne ne fait rien.
Je lutte par ma voix
Je lutte par mes textes
Pour le sauver.
Je veux être parmi
Ceux qui auront levé leur doigt
Pour dire non à notre autodestruction.
Même si on ne m'écoute.
J'aurais parlé pour la bonne cause ;
J'aurais écrit pour la bonne cause.
Nos coutumes sont délaissées,
Par les nouvelles générations.
Nos mœurs sont effacées,
Et nous, jeunes, avons perdu nos repères.
A quand la vraie liberté ?
Je ne sais pas si nous en parlerons un jour,
Nos leaders sont vieillissants,
Et les jeunes ne savent plus quoi faire
Le Poète parle, il suffit de l'écouter.

J'ai tant besoin de toi

Voilà que je pars,
Car je ne peux vivre sans toi.

A tes côtés je vis le bonheur,
Et pour moi, il est difficile de croire
Que tu es parti sans me dire au revoir.

Ne me laisse pas seul,
Je cours vers ton cœur,
Si je vis c'est pour toi.

Et mon sourire, je te le dois.
Peu importe ta religion ou ta tradition,
Avec toi, je voudrais regarder les étoiles.

Sans toi que devient ma vie
Je t'aime sans gêne
Car, tu es mon oxygène

Sois sans rancœur
Car je veux reconquérir ton cœur
Chaque jour, chaque soir

Après des moments de douleurs
Ce cœur m'a longtemps fortifié
Ne t'en vas point, car j'ai tant besoin de toi.

Enfance perdue

Qu'avait été ma vie tout ce temps ?
En tout cas, pas celle que j'avais rêvée,
Pas celle que j'aurais vécue.

Je pouvais dire que j'ai eu une enfance
Heureuse, mais à quel prix ?
Avec quel argent mon père m'avait-il offert
Des cadeaux d'anniversaire : mon premier vélo,
Le jour de mes dix ans ?

Un épouvantable sentiment de gâchis
M'a étreint, c'était comme si,
Ma vie avait été salie.

Toutes ces réflexions étaient trop complexes
Pour moi, trop vertigineuses.
J'aurais voulu que quelqu'un m'aide.

J'aurai aimé pouvoir me confier,
Parler, crier, pleurer.
Mais j'étais seul sur cette plage, écœuré

Alors qu'une aube magnifique,
Se dessinait dans mes yeux
 Hélas, il n'y avait pas grand monde dans ma vie
A part mes parents. Mais où sont-ils ?

Où sont-ils ? Où êtes-vous ?
Je vous aime et je vous pardonne
Revenez vers moi s'il vous plait.

L'arbre de paix

Assis sur une chaise blanche,
Ce cocon en planche
Me donne une sécurité franche.
Ma maison, mes parents, mes frères
Je suis fier de vous avoir près de moi.
Merci à vous de m'avoir donné une famille
Et votre amour.
Je me battrai, pour les autres enfants.
Pourquoi y a-t-il des enfants dans la rue ?
Ils sont dans la rue et sont livrés à eux-mêmes.
La nuit est sombre, le temps est si froid.
Très angoissés, ils n'arrivent pas
A fermer l'œil de la nuit.
Ils ont fait de la rue leur maison,
Et des passants leurs parents,
Ils sont seuls et tristes.
Le passé pour eux est mort,
Puisqu'il est plein de remords.
J'inventerai des rêves avenirs
Dans lesquels il y aura,
De la chaleur et un tendre plaisir.
J'attends le jour où vous viendrez.
Tous les enfants de la terre
Méritent un arbre sous lequel ils vont s'abriter
Et cueillir le fruit de l'amour.

Ton absence

Les instants de douceur
Ont la force du vent
Et l'au revoir,
Ne sera plus un adieu.
L'importance du silence
Ferme la porte,
Et prends un peu de temps.
Je vois la lueur du bonheur
Tu as croisé mon sourire
Et mon cœur.
Tu as pansé mes peines,
Et aussi dupliqué ma haine,
Je ne sais plus,
Si un jour, je te pardonnerai
D'être parti et de m'avoir laissé.
Pour que rien ne nous sépare,
J'écris mon histoire ;
L'amour ; ce ne sont pas les livres
Qui me l'ont appris,
Mais je le vit plutôt.
Que tu me manques !
C'est vrai que rien ne te retiens
Mais nous avons tout deux,
Des rêves en communs.

Vanessa MOULOUNGUI

L'autre.

BIOGRAPHIE

MOULOUNGUI Vanessa est née le 14 juin 1988 à Libreville, d'un père policier MOULOUNGUI MANZANZA Jean Baptiste et d'une mère ménagère, BOUANGA Pefoucka Georgette. Elle a fait son cycle primaire à l'école communale E de Tchibanga dans la province de la Nyanga dont elle est originaire. Elle obtient son entrée en sixième en 1999, entre au Lycée Général Nazaire Boulingui de Tchibanga. Sa rencontre avec la poésie s'effectua à l'âge de quatorze ans alors qu'elle était en classe de quatrième, âge propice à plusieurs rencontres notamment dans les domaines de l'amitié et de l'amour. Elle s'inspire généralement de ce qu'elle vit au quotidien et qu'elle enrichit par son imagination débridée. MOULOUNGUI Vanessa s'inspire aussi du vécu de ses proches et de la beauté de son pays, le Gabon. L'autre, est recueil qui marque son entrée initiatique dans la poésie

A mon amie perdue

Si je pouvais tout changer,
Je l'aurai fait.
Si je pouvais tout oublier,
Je me porterai mieux.
Si je pouvais retourner en arrière
Pour retrouver nos moments amicaux,
Je serais heureuse.
Si je te dis que tu ne me manques pas,
Je t'aurais menti.
Les choses sont allées si vite,
Et elles ne m'ont pas laissé le temps de réagir
Je n'avais plus que mon sort pour pleurer
Mais je me dis que tu n'étais pas à l'aise
Dans cette relation.
L'orage n'a fait qu'éclaircir les intentions
Ta perte m'a profondément affecté
Au point où tu ne peux l'imaginer
Je t'ai aimée,
Je t'ai pleurée,
J'essaie de te pardonner.
Je sais que j'y parviendrai
Je te souhaite de retrouver la paix
Adieu,
Amie perdue !

Jeune fille

Jeune fille, que t'arrive-t-il ?
Où vas-tu à cette allure ?
Tu oublies les multiples dangers de notre temps.
Cela ne sert à rien d'aller aussi vite,
Tu prends des risques
Que tu regretteras demain.

Jeune fille, as-tu oublié tes valeurs et
L'éducation que tes parents t'ont donnée ?
Tu ne leur fais pas honneur,
Avec ton trophée de la honte et du déshonneur
Qui te marquera à jamais.

Jeunes fille, fuis les mauvaises fréquentations,
Fuis ce qui te perdra,
Tu es jeune et belle,
Prends conscience de cette grâce.
Tu es la joie de ta famille,
La fierté de ta nation.

Jeunes fille !
Tu es jeune et belle,
Prends conscience de ces grâces.
Tu es la joie de ta famille
La fierté de ta nation.

Jeunes fille !
Ne te délave pas.
Ne te renie pas
Pense à demain.
Tu deviendras une femme
Tu représentes ta nation,
Ne l'oublie pas.

Enfant de la rue

J'ai faim !
J'ai soif !
Où est ma maman ?
Où est mon papa ?
J'ai faim !
Je veux dormir
Je veux être aimé
Pourquoi suis-je né?
J'ai faim !
Les autres enfants ont des foyers
Les autres enfants mangent à leur faim.
Mais pas moi,
Qu'ai-je fait pour mériter cela ?
J'ai froid, j'ai peur.
Mes parents ne m'aiment pas
Pourquoi m'avoir abandonné
La rue m'effraie, m'attriste
Je veux un foyer, une maison
N'ai-je pas le droit ?

Concevoir

Comme c'est merveilleux,
Comme c'est fabuleux,
Cet acte si beau
Qui nous crée,
Qui nous forme.
Ressentir la vie en soi
Comprendre cet être qui vient
Qui fera notre joie, notre bonheur
C'est une grâce
Que toute femme devait saisir avec honneur
Concevoir, c'est aimer
Aimer la vie,
Aimer la nation.
Aimer Dieu !

Voici l'aube

Voici l'aube !
Le commencement du jour,
Regarde comme elle est éclatante !
Regard comme elle est exaltante !
La nuit s'est évanouit.
Son enchantement inouï.
Voici l'aube !
Elle apporte la lumière,
Qui réveille les chaumières,
Sa clarté décharne les sorciers
Et rassure le village.
Voici l'aube !
Voici le jour,
Voici l'espoir.

Etoile

Astre contemplé avec tendresse,
Astre aimé et admiré,
Tu brilles avec gaieté et tu illumines le ciel,
Tu extirpes la mélancolie des cœurs.
Ta beauté n'est pas prodigieuse,
Lorsque les cœurs s'attristent.
Ta clarté n'est pas extraordinaire,
Lorsque les cœurs s'attristent
Il suffit de te regarder
Et la tristesse s'en va.
Etoile, ne t'éteint pas,
Ta lueur nous manquerait.
Etoile notre réconfort,
Illumine-nous toujours,
Brillante amie des cieux !

Mort

Etrangère qui nous est familière,
Hôte qui impose sa présence
Présence, qui nous effraie
Tu ne causes que le désarroi.
Tu es un passage obligatoire
Qui nous afflige.
Tu accomplis un travail lugubre
Qui, depuis la nuit des temps,
Nous accable terriblement,
 Mort !
Si l'on pouvait te bannir !

L'amour d'une mère

Existe-t-il un amour plus sûr
Que celui d'une mère ?
Pour sa progéniture,
Elle est prête à tout :
A se perdre,
A s'oublier,
A affronter le diable
Pour sauver son enfant.
Elle est prête à braver vents et marées,
Tempêtes et ouragans
Pour sauver son enfant.
Il n'y a rien de plus rassurant,
Que l'amour d'une mère.
D'une mère aimante,
Disposée à se sacrifier
Pour le bonheur,
Pour la survie,
De sa chair,
De son sang.
 De son enfant !

Regret

Regret, que me fais-tu là ?
Est-ce moi qui t'ai engendré ?
Pourquoi me poursuis-tu ?
Que me veux-tu ?
Ce qui est jeté dans la mer
Ne peut être récupéré,
Ce que pensent les gens ne devrait plus compter.
Regret, n'as-tu plus de victime ?
Va-t'en !
Tu n'es qu'une source de larmes.

L'autre

Lorsque tu m'as quitté
L'autre n'était qu'une inconnue,
Les années sont passées,
Et l'absence t'a poussé vers elle
La distance t'a protégé et t'a trahit aussi.
Le silence, qui est ton fidèle ami, m'a ouvert les yeux,
Jusqu'à ce que tu me l'avoues.
Et maintenant, l'autre est devenue
La principale cause de mon chagrin.

Le mal

Qu'avons- nous fait ?
Le mal est à nos trousses.
Il est en toi, il est en moi.
Qu'avons- nous fait ?
Il soudoie nos joies et nos bonheurs.
Il entre chez nous sans y être convié.
Il nous détruit, il nous sépare.
Que pouvons-nous faire ?
Ô Eternel, éloigne-le de nous !

Sois-là pour moi !

Quand mon soleil se couchera,
Sois-là pour moi !
Quand j'aurai tout dis,
Et que le monde ne l'accepte pas,
Sois-là pour moi !
Quand mes désirs me trahiront,
Comme des amis hypocrites
Sois-là pour moi !
Lorsque le rayon du soleil qui brille dans mes yeux me quittera,
Sois-là, de peur que je ne voyage à ton absence.

MWAN'ELISA

Pensées lyriques

BIOGRAPHIE

MWAN'ELISA, de son vrai nom Mombo Ibiatsi, est né le 10 juillet 1985 à Loango de feu Ibiatsi Dieudonné, et de Madjinou Elisabeth. Il a commencé son cycle primaire à l'école public de Loango son village natal, où il a passé toute sa tendre enfance. N'ayant plus de tuteur, il quitte le village pour la ville où il vint terminer ce cycle à l'école communale E de Tchibanga, dans la province de la Nyanga dont il est originaire. Il y obtient son Certificat d'Etude Primaire et son entrée en sixième au collège d'Enseignement secondaire Public de Tchibanga où il passa cinq ans. Et en 2005, il obtient son Brevet d'Etude du Premier Cycle et l'entrée en Seconde au Lycée Général Nazaire Boulingui où il est présentement en classe de 1e A1. Son désir d'écrire s'effectua à l'âge de seize ans alors qu'il était en classe de troisième où il a lu plusieurs poésies (notamment *Le Chant du Gabon* de Géorges Rawiri, *Les Fables,* de Jean de La Fontaine, *Poèmes du Val des Neuf Jeunes Poètes Gabonais*). En composant ses *Pensées Lyriques*, son premier recueil, il rêve de devenir un poète gabonais et francophone confirmé.

Toi petit écolier

Prends conscience et réfléchit
De tout ton petit et puissant cerveau.
Tisse dès aujourd'hui,
Même sous la pluie,
La solide toile de ton avenir.

Éloigne-toi de la paresse
Démarque-toi de la faiblesse
Redouble d'efforts et de vigilance.
Fais-toi déjà violence,
Avant qu'il ne soit trop tard,
Et que tu ne sois une tare.

Dans un monde en perpétuel mutation,
Brise l'entrave qui empêche ta progression
Vers un magnifique horizon,
Tel un arbre,
Donne dans le futur
De beaux fruits couronnés et parfumés
De ta persévérance.

Jeune fille

Toi qui traîne dans les rues
Toi qui te fais prendre pour
Une roue,
Pour avoir un bout de pain
Assis sous un sapin,
Fais-en attention !
Aie de bonnes intentions.
Toi qui traîne toute nue
Dans la sombre nuit,
Toi qui entre dans les bars
Pour suivre une tête de bar,
Adopte une bonne vie.
N'aies pas plusieurs envies envenimées
Prend la vie telle qu'elle est
Pour être ce que tu es…

Loin de moi

Je cherche le silence de
La nuit pour pleurer.
Je nage dans la crainte
De te savoir loin de moi,
Et je tremble de crainte
De te perdre.

Je pense t'embrasser
Et n'embrasse qu'une ombre.
Je me sens très heureux
Et mon âme en est ravie.
L'amour n'est qu'un plaisir
L'honneur est un devoir.

L'amour que je cherche
Est ma plus douce peine.
Je ne sais qu'espérer. Et
Je vois tout à craindre. Et
Le sang qui m'anime. Et
L'air que je respire.

Je vous en ai trop dit,
Pour n'en pouvoir dédire.

Chemin de croix

Je voudrais enfin croiser tes chemins
Toi qui, pour mon âme, est plus que connue.
Tu es l'eau de ma vie.
Je boirais dans tes mains,
Mystérieuse créature !
Je voudrais puiser dans le timbre de ta voix
Toute la force de la nature
Pour poursuivre, insouciant,
Mon chemin de croix.

Mais ton silence me jette en
Pâture : ennui, chagrin, sont des maux que tu engendre.
Ma solitaire vie connaît une autre tournure.
C'est un mariage d'amertume et de joie.
Tu me dessines l'amour en filigrane sans
Vraiment l'avouer et sans y renoncer.
Cette idylle dont le spectre toujours plane,
Sur nos êtres, sans vraiment se dénoncer
Sans véritablement te connaître
Je t'aime avant de t'avoir
Contempler.

Hymne à l'amour

L'amour prend patience,
L'amour rend service,
L'amour ne jalouse pas,
Il ne se vente pas.

L'amour ne se gonfle pas d'orgueil,
L'amour ne fait rien de malhonnête,
L'amour ne cherche pas son intérêt,
L'amour ne s'emporte pas.

L'amour n'entretient pas de rancunes,
L'amour ne se réjouit pas de l'injustice,
Mais il trouve sa joie dans ce qui est vrai,
Il supporte tout, il fait confiance en tout.

Il espère tout,
Endure tout,
L'amour ne passe jamais.

Sida

Etre aux multiples formes,
Etre qui tue des personnes
A travers le monde.
Qui es- tu ? Que veux-tu ?
Toi qui fais des ravages
Dans le monde,
Toi qui endeuille des familles
Et rend orphelin des enfants
De tout âge,
Qui es-tu ?

Nous ne te voulons pas,
Et ne te voudrons jamais.
Ta présence nous effraie,
Retourne d'où tu viens,
Oublie ce monde.

Tu as déjà eu ce que
Tu voulais, libère-nous.
Va-t'en, si loin
Loin de ma planète.
Et loin de ma famille.

Senghor

Homme de paix
Homme de parole
Homme de justice
Homme de lettres
Père de la négritude
Père de la démocratie africaine.

Ta mort nous noie,
Elle nous accable de tout,
Elle nous affaiblit en tout.
Mais tu resteras immortel,
Poète Président.

Dja lingui

Notre guerrier n'est plus,
Notre guerrier est parti,
Loin de nous, il habite.
Loin de nous, il vit.
Notre guerrier n'est plus.

Tué dans l'aube de la nuit,
Tué dans les champs de batail,
Ton peuple te pleure.
Ton peuple te réclame.
Notre guerrier est parti !

Ta mort nous rend triste,
Ta mort nous fait craindre,
Ta mort nous coupe la vie.
Ecoute les cris de ton peuple
Fragilisé.

Ma cousine

Lisca ma cousine
Ma seule cousine
Où es-tu ?
Reviens-moi, cousine !

J'ai perdu ton image,
Image qui me faisait dormir
Chaque soir,
Cette image qui apparaissait tous
Les matins pour annoncer
Le beau jour.

Image de bonheur,
De paix et de joie.
Où es-tu ?
Reviens-moi, cousine.

Loin de moi, tu es partie
Me laissant seul,
Seul avec des inconnus,
Reviens-moi cousine.

Je te chercherai à travers
Les media et des villes
Jusqu'au jour où je te trouverai
Reviens-moi cousine,
Reviens-moi !

Sœur Marie Pierre

Sœur, pour nous tu es avec nous,
Avec nous tu resteras.
Dans nos cœurs tu resteras.
À l'au-delà, une grande
Place t'est réservée.
Ton voyage irréversible nous laisse
Dans une grande tristesse
Mais nous ne t'oublierons jamais.

Pour le seigneur, tu as accompli ses missions.
Aujourd'hui, tu n'es plus
Aujourd'hui, tu nous as quittés
A l'au-delà ; tu habites.
Ici-bas nous te pleurons
Et te pleurerons toujours.
Notre sœur aimée
Notre sœur préférée,
Adieu ma sœur !

Coup de foudre

Le temps était court,
L'instant était dur.
Dur pour moi,
Dur pour elle.
Mais, les bonnes choses,
Jamais ne durent.
Jeune Fille, tu me saignes le cœur
Jeune Fille, tu m'enivre d'amour,
Avec toi, je voudrais vivre ma vie.
Avec toi, je voudrais vaincre la vie.
Tu as foudroyé mon cœur.
Et il faut que tu me soignes de ton amour.
Mon seul bonheur,
Ma seule joie de vivre !

Mon village

Mon village où je suis né,
Mon village qui me nourrit,
Avec ses champs de riz,
Village au sol riche,
Qui rend tout le monde riche.
Sol producteur de banane.
Que Ma Nenni ramène.
Mon beau village natal,
Où le commerce se fait par étal.
Village où l'on fait brandir les branches de palme
Après une bonne récolte de vin de palme.

Note : Ma Nenni=grand-mère

Diboty, Mouila !

L'accueil était chaleureux,
Tout le monde était heureux,
Mouila nous a nourrit,
Comme Ma Nenni me nourrit
Je vous dis : « diboty dî Nenni !»
Tout comme je le dis à ma nenni
Mouila nous a aimés ;
Tout comme je l'ai aimée.
Mouila nous a rendu à l'aise,
Et tout le monde était à son aise.
Mouila, ville des appâts !
Tel le bord d'une rivière aux gros appâts.

Jeune volontaire francophone

Jeune Volontaire Francophone,
Sois une lampe pour l'humanité.
Lambi dont la lumière éclaire.
Toi qui t'es déjà engagé.
Fais preuve de bon sens,
Pour mener à bien tes actions
Toi, qui, volontaire et bénévole,
Incite les autres à te rejoindre.
Bas-toi pour sortir le pays de la souffrance.
Lutte fort pour éradiquer la pauvreté
L'humanité compte sur toi.
Sois fort et aies confiance en toi,
Jeune volontaire Francophone !

Mon enfance

J'ai savouré mon enfance dans un beau village,
Aux fascinants rivages.
Je me souviens de ce jour-là,
Où j'étais resté seul dans cette villa,
Je me souviens du jour où je me promenais en haillons.
Tel qu'un gros errant papillon,
Mon enfance n'était que misère
Car pour moi, tout n'était que chimère.
C'est comme ça que je l'ai vécue,
Tel un émir portant son écu,
Je me souviens de ce village,
Où toutes les femmes n'étaient que volages.
Lorsque je me promenais les pieds nus,
Comme un pauvre détenu.

Mère

Mère ! Mère !
Comment as-tu fait pour t'en sortir ?
Sachant que la vie a amortit ton tir
Comment as-tu fait pour m'élever
Sur ces points les plus élevés ?
Comment as-tu fait pour me nourrir ?
Lorsque la nourriture quotidienne n'était que des rires
Comment ai-je fais pour vivre ?
Sachant que tu n'avais pas de vivres
Sur tout, je suis fière de toi.
Sans me mettre sur les toits

Terre natale

Terre de nos aïeux,
Terre de paix, terre de joie,
Terre qui rend son peuple très joyeux,
Terre noire et fertile,
Terre aux multiples pierres d'or,
Telle une sirène qui dort.
Terre riche en bois divers,
Bois fournis par un paysage vert.
Terre qui nous donne du bonheur
Et qui nous fait honneur.

Amour solitaire

Je souffre puisque je suis solitaire.
J'aime seulement mon amour.
Tu ne ressens pas les mêmes frisons que moi,
Tu ne ressens pas les mêmes vibrations que moi,
Tu ne ressens pas les mêmes battements de cœur
que moi.
Aimer, c'est finalement
Comme avoir le cœur en hiver.
J'aime ta présence, tout comme ta chaleur
Ecoute-moi, je t'en supplie !
Ne me laisse pas seul dans ma souffrance.
Quoi qu'on dise,
Je préfère ton humour
Pour avoir plus de courage.
Hâte-toi de me rejoindre dans ma demeure,
Mon cœur brûle ardemment
De peur que je ne meurs.
Viens me vivifier tel un diamant.

A ma fleur

Ma fleur,
Ma vie est monotone
Quand tu n'es pas avec moi,
Je te veux,
Car tu fais ma vie.
Ton absence m'appauvrit
Et me rend morne.
La vie est faite d'amour,
Nous aimer, toi et moi,
C'est ce qu'il y a de plus beau
Ma fleur,
Ne t'en va point !

Aimer

Aimer a deux sens,
Si bien que je l'emploie uniquement
A la première personne
Pour m'adresser à mon cœur.
Il y a des moments où je veux
Chasser le crépuscule.
Mais il m'est impossible de le faire,
Je t'aime à mourir de chagrin.
Aimer a bien deux sens
Le premier est spirituel et éternel
Le second est charnel et éphémère
La distance qui nous éloigne,
Me rend triste et minable.
Chaque jour qui passe me rit au nez
Passer un jour sans voir ton visage
Et ton sourire, c'est vivre une journée gâchée.
Mon sommeil se trouble et devient
Un cauchemar hanté par de sataniques cafards.

Croire

Comment ne pas te croire !
Tu es celle qui m'attire et m'inspire.
Comment ne pas te croire !
Tu es celle que j'aime.
Comment ne pas te croire !
Tu es celle que j'adore.
Comment ne pas te croire !
Tu es celle qui m'écoute.
Comment ne pas te croire !
Tu es celle en qui je demeure.

Reste

Reste pour un jour,
Reste pour un mois,
Reste pour un an,
Reste pour un siècle,
Reste pour dix mille ans.
Nous ferons des enfants.
Reste pour un temps,
Reste pour un mois,
Reste pour un an,
Reste pour l'éternité.
Nous ferons une famille.
Nous ferons la vie.

Libre

Les oiseaux sont libres !
Moi, la dictature m'emprisonne
Né libre mais mon entourage m'empoisonne
Que dire de cette injustice ?
Liberté perdue où la parole n'appartient
Qu'à une certaine classe,
Au cas contraire sacrilège, mort
Législateur du monde
Prince de l'éternité, ton amour nous échappe
Ma vie menacée, mon futur sombre.

Paternités perdues

Mère, reçois des ovations,
Pour ce que tu fis pour moi.
Reçois le fruit de mon travail
Dans ta vieillesse.
Ce que je puis te donner
Est presque insuffisant,
Et ne peut combler ton amour
Pour moi, ton fils.
Mère, pour ta grandeur d'esprit,
Pour ton humanisme et pour ton éternel amour
Recevez les bénédictions les plus achevées.

A toi dont le cœur ne brûle pas
Existes-tu sur le globe ?
Qu'as-tu fait ?
Tu as planté dans un jardin
Et tu es parti
Depuis là, discrétion totale
Tu vis à jamais incognito
Où se trouve ta pensée ?
Et que puis-je dire de vous ?
Tu as fait l'action n'est-ce pas ?
L'as-tu véritablement subi ?
As-tu joué ton rôle ?
Ton but a-t-il été atteint ?
~~Ta conscience te reprochera~~
~~Ce que tu fis pour cette femme et pour tes~~
~~enfants.~~

Lisca

Toi qui, là-bas dans cette ville voilée
Toi qui partit sans laisser de traces
Tu n'es plus là…et pourtant !
Eternelle, tu habites mon cœur,
Et il n'y a pas de jour
Où je ne te revoie, Lisca !
Avec cet inconnu, tu es parti
Avec lui tu habites.
A quand durera cette séparation ?
Séparation qui pour moi,
Me saigne le cœur
Quand viendras-tu ?
J'ai besoin de toi
Reviens-moi, Lisca !

MAGANGA BOULINGUI
Lyda Mélchie,

Mes Premiers Pas

MAGANGA BOULINGUI Lyda Mélchie est née le 07 septembre 1987 à Tchibanga. Elle est la fille de BOULINGUI Jean Paul et de BIDJONGOU Agathe. Elle a fait ses études primaires à Mayumba d'abord, ensuite à Gamba, puis à Tchibanga où elle a obtenu son certificat d'Etudes primaires en 2000 et l'entrée en sixième au Lycée Général Nazaire Boulingui dans la même année. Et en 2005, elle obtient son Brevet d'Etude du Premier Cycle et le baccalauréat économique en 2008. Si MAGANGA BOULINGUI Melchie a choisi de faire la poésie, c'est parce qu'elle lui permet de s'exprimer. Elle considère l'art avant tout comme un moyen d'expression des émotions et des profondeurs de l'âme…

PAUVRE INNOCENT

Oh, visage pâle !
Pauvre innocent !
N'as-tu pas de DROIT ?
Es-tu dans ce monde pour souffrir ?
Que fais-tu dans les rues ?
Pitié !pitié !
Ayez pitié de lui !
Il n'a pas encore cette force ;
La force de faire ce que vous lui demandez.
Il n'est qu'un pauvre innocent !
As-tu réfléchi avant
De l'envoyer sous ce soleil ardent ?
As-tu pensé au crime que tu commets ?
As-tu pensé à ton successeur dans ce monde ?
Non, tu ne l'as pas fait !
Pitié !pitié !
Ayez pitié d'eux !
Ils ne sont que des enfants,
De pauvres petits enfants.
Qui ne savent ni ce qu'ils font
Ni ce qu'ils feront.
Laissez ces enfants s'épanouirent
Dans la liberté,
Dans la société
Avec leurs DROITS et DEVOIRS.

L'ennemi

Ce diable aux longues griffes !
Tu attaques les hommes
Et tu mets fin à leur vie.
Tu envahis nos familles impudentes,
Tu attaques les nouveaux nés innocents,
Tu es une sentinelle de notre amour.
Frères, sœurs parquons-le,
Afin qu'il n'éteigne pas le monde.
Pour cela soyons fidèle
A notre partenaire !
Impossible ? Préservons-nous !
Ou alors pratiquons l'abstinence !
Pensons à demain
Car l'ennemi finira par nous détruire.
Luttons ! Luttons ! Luttons !
Luttons contre l'ennemi,
Luttons contre le diable.
Luttons contre le SIDA.

Nous sommes les êtres de culture

Frères, sœurs,
Unissons-nous !
N'avons-nous pas
Un même sang ?
Un même cœur ?
Un même langage ?
Un même sourire ?

Nous ne sommes pas hyènes,
Nous ne sommes aigles,
Nous sommes les êtres de culture.

Chaque matin, au lever du soleil,
Je vous vois mes frères et mes sœurs en moi.
Pourquoi ne pouvons-nous pas alors dialoguer,
Que ce soit au printemps ou en été,
Que ce soit aux pôles ou aux tropiques
Et pourtant !
Je vous sais frères je vous sais sœurs!
Unissons nos divergences
C'est notre seul bonheur.

Nous ne sommes pas hyènes,
Nous ne sommes pas aigle,
Nous sommes les êtres de culture.

Nous pouvons composer ensemble ;
Nous pouvons chanter ensemble ;
Nous pouvons prier ensemble ;
Nous le pouvons,
 Nous le pouvons,
Nous pouvons tout faire ensemble.
C'est le seul combat de notre espèce,
Combat contre la misère !

Nous ne sommes pas hyènes
Nous ne sommes pas aigles
Nous sommes les êtres de culture.

Mère

Mère Patrie !
Mère, oh mère !
Fièrement tu chantes la Concorde
Femme de bonne foi, femme douce
Tu es inégalable.
Mère, oh mère !
Tu as supporté mes caprices enfantins.
Femme de bonne foi, femme douce
Qui m'a aussi enseigné la Concorde
Hymne d'un peuple fier,
Mon peuple
Qui traverse l'univers grâce à ta lumière.

Mère, oh mère !
Tu m'as appris à chasser la faim,
Tu m'as appris à chasser la honte,
Tu m'as appris à chasser la paresse
Tu m'as tout appris.
J'aime vivre près de toi, ma mère !
Irremplaçable mère !
Tu m'as bercé, consolé, caressé
Pour faire de moi un brave.

Mère, oh mère ! Oh mère !
Tu m'as enseigné l'Union,
Tu m'as enseigné le Travail,
Tu m'as enseigné la Justice.
Je pense toujours à toi mère
Car sans toi, je n'existerais point.
Je te compose ce poème

Fruit de ma foi,
Fruit de mon cœur,
Fruit de ma réflexion,
Fruit de mon amour
Pour te dire que je t'aime.

Mère, oh mère !
Miroir de ma vie,
Je t'aime tant et tant
Car tu m'as fait aimer
Les couleurs de la vie
Le vert,
Le jaune
Le bleu,
Source de vie.
Mère Patrie !

Afrique

Afrique de nos ancêtres,
Afrique de nos parents
Afrique de nos enfants
Notre Afrique !
Comme tu es belle et si magnifique
Avec ta grandiose richesse
Chaque jour à l'horizon,
Je vois toujours le beau visage de mon Afrique
Au bon parfum de sa végétation
Afrique berceau de l'humanité
Symbole de la sagesse.
Afrique des forêts admirables
Tu es le lieu où reposent la paix, l'amour.
Afrique de nos ancêtres,
Afrique de nos parents,
Afrique de nos enfants,
Notre Afrique.
Je te chante !
Je te rêve !
Je t'exalte !

Mon village

Oh mon village !
Où je suis né.
Où j'ai passé mon enfance
Toujours au bord de la rivière
Où il y a toutes sortes de poissons,
Et le bon bruit des insectes, et le bon bruit des oiseaux.
Amis,
Pourquoi avez-vous oublié le chemin du village ?
Pourquoi avez-vous laissé pousser l'herbe sur le sentier ?
Pourquoi ces toiles d'araignées sur les portes des cases
 Des cases aux toits troués,
Des cases inclinées et lézardées,
Et dans lesquelles se cachent notre culture et notre tradition.
N'agissons plus ainsi.
Maintenant érigeons notre village.
Plantons, récoltons, consommons nos produits ;
Et montrons aux enfants le travail champêtre
Oh, mon cher village !
Enseigne-leur la culture,
La culture des ancêtres
Oh mon village !

Bonne année

L'année passée a été
Une année de peine,
Une année de haine,
Une année de malheur,
Une année de pénitence,
Une année éplorée,
Une rude année.
Nous avons erré en souffrance.
Maintenant, c'est la nouvelle année,
Elle voit le jour,
Elle est venue la bonne année !
Le temps longtemps attendu,
Le temps de merveille,
Le temps de bonheur,
Le temps de grâce,
Le temps de bonté,
Le temps de gloire,
La bonne année !
Tu nous apporte un changement.

Un profond sommeil

Pieds nus
Allonger sur le dos
Les mains allongées le long du corps
Les yeux fermés, il dort
Enveloppé de blanc
Il est dans un sommeil paisible
Un sommeil profond qui semble
Ne jamais le laisser.
Dans une case construite en bois
Une case dont le toit
Est une immense porte.
Il y reste immobile,
Sans mot dire,
Dans sa nouvelle demeure.
A-t-il faim ? A- t-il soif ?
Personne ne pourra le dire.
Car il est seul dans un grand silence.

Bienvenu

Le soleil à l'horizon, et le vent calme,
Le deuxième forum de la jeunesse vient de s'ouvrir,
Nous nous rassemblions
Pour débattre, échanger des connaissances
En nageant dans le passé,
En volant dans le présent,
En voyageant dans le futur.
Amis soyons unis
Unis au sein de la Francophonie
Pour réaliser des projets précis,
Pour réaliser des projets ensemble.
Nous vous souhaitons la bienvenue
Nous vous souhaitons un bon séjour.

Peuple !

Peuple !
Peuple, mes frères !
Pourquoi vivons-nous dans l'ignorance ?
Le pauvre est dénoncé.
Le prêtre est dénoncé.
L'intrus est dénoncé
Vous le dénoncez dites-vous,
Pour freiner les mauvaises mentalités.
Mais pourquoi ne dénoncez-vous pas
Un président qui adore notre souffrance,
Un ministre qui hait notre vie,
Avons-nous peur ou c'est l'ignorance ?
Et vous qui dénoncez les malfaiteurs,
Il ne sert à rien de dénoncer son compagnon
Alors que tu en fais autant.
Prenons chacun son courage
Pour dénoncer notre compagnon malhonnête
En restant un modèle !

Ecolier

Pauvre innocent,
Visage inondé de larmes,
Il avance pieds nus,
Sans dire mot.
Tiraillé sur le chemin,
Pleurnichant sous les coups de bâton,
Qui passe et repasse,
Sur le corps presque nu,
Il souffre.
A l'heure où les oiseaux s'agitent,
Sous le bois, le feuillage bouge,
Il souffre inlassablement
Sous le soleil comme sous la pluie.
Oh pauvre enfant !
Qu'as-tu fait pour mériter cela ?
Cette sentence pénible
Qui n'a ni début ni fin.

La liberté

Liberté ! Oh liberté !
Nous t'avons tant attendue
Nous nous sommes battus pour t'avoir
Nous nous sommes battus pour t'héberger
Désormais,
Tu me tiendras par le bras
Pour m'emporter dans les loisirs.
Oui, j'ai besoin de toi,
Dans mes activités,
Dans mes pensées.
Maintenant que tu es là,
Bienvenu parmi nous
Grâce à toi,
Je m'exprime librement,
Car tu es le fruit de la démocratie.
Maintenant je suis libre
Comme un poisson dans l'eau.

Je pensais

Quand j'étais enfant,
Avec les amis de mon âge
On se promenait.
J'étais aimé par mes parents,
Je pensais que la vie s'arrêtait là.
Capricieuse, je l'étais souvent.
Mais, mes parents m'aimaient toujours,
Ils supportaient mes caprices toujours,
J'étais heureux toujours,
Et je pensais que je le serai toujours.
Mais vint un jour,
On m'amena dans une bâtisse,
Et là tout a changé.
Je passais toute la journée sans mes parents,
J'étais abandonnée à moi-même,
Les camarades se moquaient de moi,
Parfois s'emparaient de mes provisions.
Et c'était un autre monde.
A chaque faute on me frappait
J'en étais las.
Sur le chemin du village
Je pensais que tout allait mal
Dans ce nouvel environnement.
Mais je n'avais pas le courage
De parler, car mes parents étaient
Aussi d'accord et complices de ma situation.
Ainsi je pensais que ma vie a changé.
Puis vint un autre jour où je quittai mes parents

Et ce fut une rude étape de ma vie
Car je savais que je ne serai plus choyée
Ce monde méchant pourra-t-il me garder ?
Me demandai-je.
Je ne pensais jamais pouvoir
Vivre dans ce monde
Mais je me trompais.
C'était l'école de la vie !
Et j'y ai appris à écrire et à lire.
A l'école de la vie.

La femme

Savez-vous qui est la femme ?
Savez-vous comment la garder ?
La femme est un enfant.
Pour bien garder l'enfant,
Commencez par connaître ses défauts.
Sachez lui parler,
Sachez la consoler,
Sachez l'aimer.
Et pour atteindre l'amour vrai,
Il faut en tout cas demander son avis,
Lui laisser le temps de s'exprimer,
Lui dire la vérité à chaque occasion,
Lui dire ce qu'il faut faire.
Etre tendre, doux en vers elle,
Mais le contraire
Donnera des mésententes.
Et elle sera insupportable.

MBOUMOUITI Julia

MBOUMOUITI Julia est née le 15 juillet 1989, à Mayumba de MOUITI Jacques, instituteur principal, Directeur de l'école public C, et de MASSOUNGA Claire, infirmière. Elle fait ses études secondaires au lycée Général Nazaire Boulingui où elle obtient le baccalauréat économique en 2008.
Investie entièrement dans la vie associative, MBOUMOUITI Julia est membre fondatrice du Club Francophonie Nyanga dans lequel elle a milité durant toutes ses études secondaires. Elle y a appris à s'ouvrir à ses congénères avec qui elle partage des réflexions sur l'avenir de la jeunesse. Son goût pour la poésie provient de son tempérament calme qui lui permet de temps à autre d'observer et de consigner ce qu'elle observe et surtout ce qu'elle ressent au plus profond de son âme.

Apprends-moi à t'écouter

Dans la douceur de l'aube,
J'entends les oiseaux chanter.
Au bord des rivages,
Se trouve le plus grand trésor.
Apprends-moi à t'écouter,
Toi, la source de mon bonheur intarissable,
Tu me conduis à cette merveille
incommensurable.
Je croyais que c'est une fable,
Mais la vérité est inlassable.
Apprends-moi à trouver
Le chemin du bonheur
Dans l'éloquence de ton silence.
Aide-moi à retenir que :
Ne peut aimer que celui qui en connait le sens
Ne peut justifier l'amour que celui qui en connaît
la valeur.

Nyanga !

Ô NYANGA !
Sur ton vaste territoire,
J'ai vu le jour grâce à mon créateur.
Sur tes rivages, j'ai pu grandir,
Et dans ton silence plus que joyeux,
Tu m'as fait connaître tes enfants.
Mayumba qui m'a reçue avec joie,
Me donnant un beau séjour au bord de sa grande plage.
Moabi qui m'a entretenu dans ses palmerais.
Et, Mabanda qui m'a fait visiter la frontière du Congo.
Je t'aimerai toujours,
Mère de nombreuses familles et conseillère de nombreux cadres.
Nous pouvons nous réjouir de t'avoir,
Toi chez qui nous venons nous ressourcer.
Nyanga,
Mère de tous les Nynois,
Nous ne pourrons jamais t'oublier.

Jeune

Jeune, vigoureux comme tu es,
 Tu es le meilleur.
  Jeune, ton avenir est entre tes mains.
Tu te crois dispensable,
Mais indispensable tu es.
Pilier du développement, cœur de la société,
 Tu es l'espoir tant rêvé.
Espoir mondial, pense à ce monde !
Ce monde dont tu te plains tant.
 La vieillesse est très vite arrivée ! Disent nos parents
Pense à ce que tu fais.
 Jeune, apprend à te lever pour
  Le développement qui t'appelle à son secours
Et ne te plains plus.
Jeune, tu es la vie de l'univers.

Jeunesse

Une lampe au sommet d'une montagne lui dans la nuit,
Jeunesse, soit la pierre que l'on ne peut oublier pour l'édifice social
Fleur nynoise, espoir francophone,
Tu as bien plus de valeur que tu ne crois.
Les torrents et les mers qui se sont levés contre toi, ne sont que vent.
Prends courage et reprend ton trône !
Ce trône qui t'a été donné depuis la création,
Et que tu n'as jamais su gérer.
Le sommeil a été trop long et le devoir l'agite.
Regarde à l'horizon et écoute ces cris
Ton palais se dégrade et tout s'effrite.
La vigueur pleure et tu l'observe.
Mais, n'oublies pas une chose,
Seul le métissage te donnera vie,
Ton combat est aussi celui de la culture.
Fais de ton monde un village planétaire.

Pourquoi tant de maux ?

Pourquoi tant de maux ?
Tout donner pour être abandonné,
Tout offrir pour devoir souffrir,
Prôner la justice en freinant la vérité,
Pourquoi tant de maux ?
La vraie valeur manque de ferveur,
L'incrédulité s'est dotée d'une extrême
simplicité.
Il reste donc à croire que le trône de l'immoralité
est établi.
Pourquoi tant de maux ?
Mère, n'est désormais qu'un simple titre pour
faire bonne impression,
Et femme au dos courbé au crépuscule.
Pourquoi tant de maux ?
O sagesse tant rêvée, où es-tu nichée ?
A l'horizon subvient un léger espoir
Et nous t'attendons, aimable sagesse.

Il suffit

Il suffit de regarder,
Il suffit de voir,
Pour comprendre ce que l'on doit savoir.
Il suffit de s'oublier, pour connaître où nous sommes,
Il suffit de s'oublier pour connaître qui nous sommes.
Il suffit de se mettre à l'épreuve
Pour voir ce que l'on croyait cacher
Il suffit de se mettre à l'épreuve
Pour voir ce l'on croyait me caché.

Les mots ne sont que lecture de ce que nous avons compris.
Ce que nous avons compris n'est que le reflet de nos actions.
Il suffit de comprendre l'humanité,
Pour comprendre que nous pouvons faire quelque chose de beau et de bien autour de nous.
Il suffit juste d'avoir de la compassion,
Pour faire preuve de sensibilité,
Et transformer toute une existence.